BEI GRIN MACHT SICH IH
WISSEN BEZAHLT

- Wir veröffentlichen Ihre Hausarbeit,
  Bachelor- und Masterarbeit

- Ihr eigenes eBook und Buch -
  weltweit in allen wichtigen Shops

- Verdienen Sie an jedem Verkauf

Jetzt bei www.GRIN.com hochladen
und kostenlos publizieren

Natalie Gorris

Hannah Arendt: Kein Herz für die Emanzipation?

GRIN Verlag

Bibliografische Information der Deutschen Nationalbibliothek:

Die Deutsche Bibliothek verzeichnet diese Publikation in der Deutschen National-
bibliografie; detaillierte bibliografische Daten sind im Internet über http://dnb.d-
nb.de/ abrufbar.

Dieses Werk sowie alle darin enthaltenen einzelnen Beiträge und Abbildungen
sind urheberrechtlich geschützt. Jede Verwertung, die nicht ausdrücklich vom
Urheberrechtsschutz zugelassen ist, bedarf der vorherigen Zustimmung des Verla-
ges. Das gilt insbesondere für Vervielfältigungen, Bearbeitungen, Übersetzungen,
Mikroverfilmungen, Auswertungen durch Datenbanken und für die Einspeicherung
und Verarbeitung in elektronische Systeme. Alle Rechte, auch die des auszugsweisen
Nachdrucks, der fotomechanischen Wiedergabe (einschließlich Mikrokopie) sowie
der Auswertung durch Datenbanken oder ähnliche Einrichtungen, vorbehalten.

Impressum:

Copyright © 2005 GRIN Verlag GmbH
Druck und Bindung: Books on Demand GmbH, Norderstedt Germany
ISBN: 978-3-638-79438-1

Dieses Buch bei GRIN:

http://www.grin.com/de/e-book/73589/hannah-arendt-kein-herz-fuer-die-emanzi-
pation

GRIN - Your knowledge has value

Der GRIN Verlag publiziert seit 1998 wissenschaftliche Arbeiten von Studenten, Hochschullehrern und anderen Akademikern als eBook und gedrucktes Buch. Die Verlagswebsite www.grin.com ist die ideale Plattform zur Veröffentlichung von Hausarbeiten, Abschlussarbeiten, wissenschaftlichen Aufsätzen, Dissertationen und Fachbüchern.

Besuchen Sie uns im Internet:

http://www.grin.com/

http://www.facebook.com/grincom

http://www.twitter.com/grin_com

Humboldt-Universität Berlin

Gender Studies

Kulturwissenschaftliches Seminar:

Zum Begriff der Natalität bei Hannah Arendt

Wintersemester 2004 / 2005

Hannah Arendt:
Kein Herz für die Emanzipation?

Vorgelegt von:

Natalie Gorris

Berlin, den 07.04.2005

Inhaltsverzeichnis

1. Einleitung

Hannah Arendt war eine bekannte Philosophin, die sich selbst als ‚politische Theoretikerin' sah.[1] Ihr Denken zeichnete sich durch Authentizität und Non-Konformität aus. Dies brachte ihr neben Anerkennung und Berühmtheit auch zum Teil heftige Kritik ein, wie es im Fall ihres Buches zum Eichmann-Prozess *Eichmann in Jerusalem* der Fall war. Auch von Seiten der Feministinnen erntete sie Kritik, da sie angeblich den „verschiedenen Formen der Ausgrenzung der Frauen in Kultur und Politik mit Ignoranz begegnet ist"[2] – ganz im Gegensatz zur Frage der jüdische Existenz zu Zeiten des Totalitarismus. Hatte Hannah Arendt die Frauenfrage komplett ausgeblendet oder nicht als wichtig erachtet?

Die Enttäuschung der Feministinnen muss umso größer gewesen sein, hatte doch gerade Arendt als Frau ein hohes Maß an Anerkennung in Bereichen erlangt, die als männlich konnotiert gelten - der Wissenschaft und Politik. Hätte Hannah Arendt also nicht eine von ihnen sein sollen? Wie kam es, dass sich eine solche Frau so gegen sie zu stellen schien?

In Anbetracht der Tatsache, dass in ihren Texten immer das Streben nach Freiheit und Pluralität mitschwingt, habe ich mich auf die Suche begeben: nach Anhaltspunkten wie Statements zu Frauen, der Frauenbewegung, Emanzipation, und Geschlechterverhältnissen.

Ziel dieser Arbeit ist es somit, diese zu analysieren und der Frage nachzugehen, worin genau die Kritik an Hannah Arendt seitens der Feministinnen bestand und ob sie in gewisser Weise berechtigt war, aber auch welchen Einstellungen und welchem Denken Hannah Arendts Äußerungen entstammt sein mögen.

---

[1] Hahn. S. 267.
[2] Hahn. S. 274.

2. Feministische Kritik an Hannah Arendt

„Für die zeitgenössische feministische Theorie bleibt Hannah Arendts Denken verwirrend, provokativ und bisweilen empörend."[3] Mit diesen Worten leitete Seyla Benhabib im Oktober 2000 ihren Artikel *Der empörende Unterschied* in der schweizerischen Kulturzeitschrift *du* über Hannah Arendt und den Feminismus ein.

Wie bereits erwähnt fand die Empörung seitens der Feministinnen ihren Anstoß vor allem an Hannah Arendts wenig sensiblen Äußerungen zur Frauenbewegung. Die wohl bekannteste und oft zitierte Äußerung Hannah Arendts stammt aus einem Gespräch mit Günter Gaus vom 28.10.1964 in seiner Fernsehsensendung *Zur Person*. Aufgrund der Tatsache, dass Arendt als erste Frau in der Sendung eingeladen wurde, fragte er sie nach ihrer Einstellung zur Emanzipation der Frauen. Sie entgegnete daraufhin schlichtweg, für sie persönlich habe das Problem der Emanzipation nie eine Rolle gespielt. Sie habe einfach gemacht, was sie machen wollte.[4]

Durch solche Statements wirkte Hannah Arendt vor allem auf die ‚Altfeministinnen' häufig arrogant, denn sie ging nicht näher auf die Frauenfrage ein und es schien sogar so, dass sie sie nicht ernst nahm. Auch Äußerungen Hannah Arendts wie „es sieht nicht gut aus, wenn eine Frau Befehle erteilt"[5] und „es gibt bestimmte Beschäftigungen, die Frauen nicht stehen" schmerzten die ‚Altfeministinnen' verständlicherweise sehr, scheint es bei oberflächlicher Betrachtung doch zu heißen, dass Arendt die Frauen in für sie als typisch geltende Berufe wie die der Krankenschwester verweist.[6]

Doch nicht nur diese Äußerungen Hannah Arendts zur Emanzipation, sondern auch Fragmente ihrer Theorien wurden zum Stein des Anstoßes bei den Feministinnen. Beispielsweise wenn Arendt fordert, „dass «jede menschliche Betätigung (...) einen ihr zugehörigen Ort in der Welt hat»."[7] Bedenkt man, dass

---

[3] Benhabib. In: du. S. 40.
[4] Prinz. S. 257
[5] Schaad. In: du. S. 62.
[6] Schaad. In: du. S. 63.
[7] Benhabib. In: du. S. 40.

Arendt sich in *Vita activa* auf die Antike bezieht und es – in dem Kontext - als selbstverständlich hinzunehmen scheint, dass es damals eine „historische Beschränkung von Frauen auf die private Sphäre des Haushalts und der reproduktiven Tätigkeit"[8] gab, die sie selbst als unfrei innerhalb eines von Herrschaftsstrukturen geprägten privaten Umfelds darstellt[9], so ist verständlich, warum die Feministinnen auf die Barrikaden gingen - zumal Hannah Arendt in diesem Buch nicht weiter speziell auf veränderte Rollenverständnisse von Männern und Frauen in der modernen Gesellschaft einging. Statt dessen scheint es so, „als ob für Arendt die Moderne auf einen Kategoriefehler, wenn nicht sogar eine ganze Reihe von Fehlern gegründet sei"[10] und als ob sie die „Arbeitsteilung der Geschlechter als unabänderliche Gegebenheit"[11] hinnehme, die den Frauen ganz natürlich die reproduktiven Tätigkeiten innerhalb der privaten, häuslichen Sphäre zuweist, die die Unterordnung gegenüber dem Mann impliziert.[12] Ihr Ausspruch, dass bestimmte Beschäftigungen Frauen nicht stünden, scheint diese Auffassung zu bestätigen.

Auch die von Arendt häufig und in verschiedenen Zusammenhängen postulierte Trennung von Privatem und Öffentlichkeit bzw. Sozialem und Politik sorgte für Zündstoff. Ist die Frauenfrage nicht auch eine soziale? Und hat sie allein dadurch nicht das Recht, Eingang in die Politik zu finden? Und schließlich kollidierte Arendts Postulat mit der Forderung der Frauenbewegung „Das Private in das Politische"[13]!

Die Verteidigung zumindest des privaten Bereichs scheint aber in anderer Hinsicht logisch, sogar wichtig. So schreibt Seyla Benhabib indem sie sich auf westliche Denker wie Theodor W. Adorno, Gertrud Himmelfarb und John Rawls beruft, dass „die Aufrechterhaltung wenigstens einiger Grenzen zwischen der öffentlichen und der privaten Sphäre wesentlich ist, will man die menschliche Freiheit erhalten."

---

[8] Benhabib. In: du. S. 40.
[9] Vgl. Arendt. Vita activa. S. 40ff. Vgl. Aussagen Arendts zur Freiheit speziell von Männern: Vita activa. S. 23f.
[10] Benhabib. In: du. S. 40.
[11] Vgl. Benhabib. In: du. S. 40.
[12] Benhabib. In: du, S. 40.
[13] Benhabib. In: du, S. 40.

Benhabib fragt sie sich daher, ob nicht Arendts Denken sondern der Feminismus auf einem „Kategoriefehler" beruhe und gerade der Versuch, das „Private zu «politisieren»" dazu führen könnte, dass die „letzten Spuren menschlicher Freiheit" verschwinden könnten und die Forderung, dass das Private das Politische werde, geradezu eine „Einladung zu einer Neuauflage autoritärer Politik" sei.[14] Auch Schaad schließt ihren Artikel über Hannah Arendt in der Kulturzeitschrift *du* im Oktober 2000 mit der Feststellung: „Die Nichtkenntnisnahme [zwischen Arendt und den Feministinnen] muss gegenseitig gewesen sein".[15]

Die Frage, die sich an dieser Stelle ergibt ist, ob es auch detaillierte Aussagen Hannah Arendts zu Frauenbewegung und Emanzipation gibt?

2.   Kritik Hannah Arendts an der Frauenbewegung

Bereits in den Jahren 1931 und 1932 – als Hannah Arendt sich vermehrt der Politik zuwandte[16] - kam sie mit der Frauenfrage in Berührung. Zu dieser Zeit setzte sie sich häufig mit Kurt Blumenfeld über den Zionismus auseinander und traf sich häufig mit verschiedenen Professoren der Hochschule für Politik, die als eines der „unabhängigsten und kreativsten Zentren Deutschlands" galt.[17] Auch begann sie Rezensionen für die Zeitschrift *Die Gesellschaft* zu schreiben. Hierdurch beschäftigte sie sich erstmalig mit einem zeitgenössischen politischen Thema: der Frauenfrage.[18] Es handelt sich dabei um eine Rezension des Buches *Das Frauenproblem in der Gegenwart* von Alice Rühle-Gerstel, aus der sich recht umfangreiche Erkenntnisse über Hannah Arendts Sicht auf die Frauenbewegung gewinnen lassen. Arendt äußert in dieser Rezension grundsätzlich ihr Verständnis für die schwierige Situation der Frauen in ihrer neuen – im Übrigen auch heute noch weitgehend gültigen - Rolle, indem sie über die Frau schreibt:

---

[14] Benhabib. In: du. S. 40.
[15] Schaad. In: du. S. 63.
[16] Young-Bruehl. S. 148.
[17] Young-Bruehl. S. 148.
[18] Young-Bruehl. S. 151.

Nicht nur, dass sie trotz ihrer prinzipiellen Gleichberechtigung eine faktische Geringschätzung ihrer Leistung einstecken muss, sie hat außerdem noch Pflichten übrig behalten, die sich mit ihrem neuen Stand nicht mehr vereinbaren lassen und die teils auf gesellschaftlichen, teils auf biologischen Tatsachen basieren: sie soll neben dem Berufe noch einen Haushalt besorgen und für die Kinder sorgen."[19]

Hannah Arend folgert daraus, dass diese „Freiheit des Erwerbs entweder zu einer Versklavung oder zur Auflösung der Familie" zu führen scheine.[20] Eine schwierige Wahl.

Dennoch oder vielleicht sogar gerade deswegen kritisiert sie an der derzeitigen Frauenbewegung, für diese sei charakteristisch, „dass sie sich nie auf konkrete Ziele – außer karitativen – hat einigen können."[21] Hannah Arendt übersieht meiner Ansicht nach an dieser Stelle, dass gerade die Frauenbewegung der jüngsten Vergangenheit sich für konkrete Ziele wie den Zugang von Frauen an Universitäten und das Wahlrecht für Frauen eingesetzt hat. Aus der Biografie von Young-Bruehl wird leider nicht deutlich, ob die Aussage

Solange die Frauenbewegung nicht bereit war, an der politischen Front zu handeln, um konkrete Ziele zu erreichen, würde sie wirkungslos bleiben – denn in der Vergangenheit war ihre Effektivität, etwa die Durchsetzung des Wahlrechts, stets aus solchem politischen Handeln hervorgegangen[22]

von Arendt oder von Young-Bruehl stammt.

Dennoch hat Arendt - aus der heutigen Sicht und rückblickend auf die vergangenen Jahrzehnte - tendenziell richtig gelegen, wenn man diese Aussage mit den Erkenntnissen von Renate Genth vergleicht.[23] Auch diese hat beobachtet, dass häufig Diskrepanzen über Ideale und Zielsetzung innerhalb der Frauenbewegung zu deren Scheitern führten oder sie zumindest blockierte[24] und

---

[19] Young-Bruehl. S. 152.
[20] Young-Bruehl. S. 152.
[21] Young-Bruehl. S. 153.
[22] Vgl. Young-Bruehl. S. 153.
[23] Vgl. Genth.
[24] Vgl. Benhabib. In: du. S. 41.

dass gerade bei der Frauenbewegung in der Nachkriegszeit karitative Ziele im Vordergrund standen. In diesem Zusammenhang zitiert Genth auch Arendt aus einem Werk späterer Jahre:[25]

Die Menschlichkeit vieler Frauen, ihre Güte, Wärme, Freundlichkeit, Solidarität und Verantwortungsbereitschaft, wie sie anfangs noch in der Frauenbewegung der Nachkriegszeit unter den frühen 68ern anzutreffen waren, waren auch ein Teil ihrer Weltlosigkeit. ... Was nun ... die ... Menschlichkeit angeht, so gilt für die leider nicht nur, dass sie sich nur im Dunkeln manifestiert und also weltlich nicht feststellbar ist, sondern auch, dass sie sich nur im Dunkeln manifestieren und also weltlich nicht feststellbar ist, sondern auch, dass sie in der Sichtbarkeit sich gleich einem Phantom in Nichts auflöst. Die Menschlichkeit der Erniedrigten und Beleidigten hat die Stunde der Befreiung noch niemals auch nur eine Minute überlebt. Das heißt nicht, dass sie nichts sei, sie macht in der Tat die Erniedrigung tragbar; aber es heißt, dass sie politisch schlechterdings irrelevant ist. [26]

Genth bestätigt dies und stellt die Frage nach Heldentum und Selbstverleugnung sowie freiwilliger Zuordnung der Frauen zum Sozialwesen in den politischen Richtungen.[27]

Ein weiterer Kritikpunkt in der von Young-Bruehl angeführten frühen Rezension Hannah Arendts ist „dass quer durch diese Fronten in der Frauenbewegung eine einheitliche Front *der* Frauen geht[28]. Was genau sie damit meint wird deutlich wenn sie schreibt:

Der misslungene Versuch, eine Frauenpartei zu gründen, zeigt die Fragwürdigkeit der Bewegung: es ist dieselbe Fragwürdigkeit wie die der Jugendbewegung, einer Bewegung nur um der Jugend willen, so hier eine Bewegung um der Frau willen. Das eine ist so abstrakt wie das andere.[29]

---

[25] Vgl. Genth. Es wird durch die Handhabung der Quellennachweise leider nicht deutlich, auf welches Werk sich Genth bei dem folgenden Zitat bezieht.
[26] Genth. S. 21. Zit. n. Arendt 1989, S. 32.
[27] Genth. S. 21.
[28] Young-Bruehl. S. 153.
[29] Young-Bruehl. S. 153.

Diese Aussage beinhaltet gleich zwei Aspekte, wie aus dem Nachfolgenden deutlich wird. Zum einen ist es der Aspekt der Zusammenfassung des Genus ‚Frau'. Genth stimmt in ihrem Buch über Frauenpolitik, in dem sie sich auf Hannah Arendt beruft, dieser Ansicht Arendts zu. Auch sie ist der Auffassung, dass ‚die Frau' oder ‚die Frauen' ein Abstraktum sei, das weder Solidarität noch politische Interessen erzeugen müsse.

Grund dafür sei, dass mittels Zuschreibungen ein „Sammelsurium" an Eigenschaften ‚der Frau' entstehe, die je nach Kultur und Gesellschaft variieren oder sich sogar widersprechen könnten.[30] Genth geht sogar so weit, dass sie behauptet die Verallgemeinerung oder „Versämtlichung" der ‚Frau' offenbart, wie sehr sie Projektionsfläche in einer von „Männerinteressen dominierten Sozietät" sei.[31] Dadurch existieren Frauen nur im Singular, weder als Person noch als Individuum. Eine Verschiedenartigkeit wird somit ausgeschlossen.[32]

Dies entspricht durchaus Hannah Arendts Denken. Zum einen weil sie der Auffassung ist, dass kein Mensch dem anderen gleicht, auch wenn häufig versucht wird zu bestimmen[33], was ‚den Menschen' ausmacht. Zum anderen weil sie keine positive Meinung von Kollektiven hat. In diesem Zusammenhang sehe ich auch die Tatsache, dass Hannah Arendt sich keiner bestimmten politischen Richtung anschloss und sich keinem Volk vollkommen zugehörig fühlte. Aus dieser Position heraus handelte sie auch, was ihr immer wieder Vorwürfe aus den ‚eigenen Reihen einbrachte: neben den Vorwürfen seitens anderer Frauen eben auch den Vorwurf, sie würde ihr Volk – die Juden - nicht lieben. Hannah Arendt liebte eben weder ein bestimmtes Volk noch ein anderes Kollektiv wie z. B. Arbeiterklasse.[34]

Genths und vermutlich auch Arendts Ansicht nach gehen individuelle sowie gruppenspezifische Erfahrungen und Interessen – beispielsweise die bestimmter Milieus oder Rassen - in einem Kollektiv unter, so dass es zu Interessens-

---

[30] Genth. S. 9.
[31] Genth. S. 9.
[32] Genth. S. 9.
[33] Arendt. Vita activa. S. 17 und 21.
[34] Prinz. S. 200. Umgekehrt aber glaubte sie auch nicht an die Existenz einer kollektiven Schuld, wie es sich in Zusammenhang mit dem 3. Reich zeigte. Vgl. Prinz. S. 125.

konflikten und schließlich zur Spaltung der Frauenbewegung kommen müsse.[35] Genth spezifiziert:

> *Die Frage, was als weibliche Politik betrachtet werden kann, ist nur strittig zu beantworten, wenn das Epitheton ‚weiblich' als besondere Eigenschaft der Politik von Frauen betrachtet würde. Wer bestimmen will, was denn nun weiblich sei, gerät unweigerlich auf Glatteis und gleitet bei jedem Versuch, sich zu erheben, wieder hin.[36]*

Eng hiermit verbunden ist auch der zweite Aspekt, den Arendt bereits im vorausgehenden Zitat genannt hat:, dass die Frauenbewegung „sich nie auf konkrete Ziele – außer karitativen – hat einigen können", denn wie Young-Bruehl es formuliert: „Eine Bewegung, die nicht in die politische Arena eintritt, die ihre Ideologie nicht in konkrete Ziele übersetzt, welche Veränderungen in der aktuellen Situation reflektieren, bleibt abstrakt."[37] Auch Genth stimmt in diesen Kanon ein und stellt fest:

> *Zielbestimmungen zu finden über das allgemeine Gerechtigkeitsbegehren hinaus, sei es seitens der einen, um den Frauenbereich eine Aufwertung zukommen zu lassen, sei es seitens der anderen, um den den Männern zugeordneten Bereich zu erobern, war nur in Ausnahmezeiten möglich. Eine Programmatik der Alternative jenseits von Aufstieg und Beteiligung an der herrschenden Rangordnung wurde nur vereinzelt formuliert[38]*

Ergänzend wendet sich Arendt in ihrer Rezension dagegen, Frauenprobleme von dem umfassenderen Bereich politischer Angelegenheiten zu trennen,[39] eine Ansicht, die sie auch Jahre später, 1945, in Zusammenhang mit der Judenproblematik vertritt.[40]

---

[35] Genth. S. 11.
[36] Genth. S. 9.
[37] Young-Bruehl. S. 153. Young-Bruehl bezieht sich hierbei auf Überlegungen Mannheims, wie Ideologien „Gruppen für Veränderungen blind machen". Arendt hatte Mannheims Seminare besucht und sich kritisch mit seiner Theorie auseinandergesetzt. Vgl. Young-Bruehl. S. 135-138.
[38] Genth. S. 11.
[39] Dasselbe Argument brachte Arendt Jahre später zu der Judenproblematik ein. Vgl. Young-Bruehl. S. 153.
[40] Young-Bruehl. S. 153f.

Arendt, die weder den Sozialismus noch irgendein anderes Programm verfocht, glaubte, dass die Frauenprobleme Teil eines größeren politischen Kampfes werden müssten. In diesem Punkt hielt sie stets an ihrer Meinung fest und trat immer dafür ein, dass sich Frauen für konkrete politische Ziele einsetzten, wie etwa eine Gesetzgebung für gleiche Beschäftigungs-möglichkeiten, die mit den Zielen anderer politischer Gruppen zu koordinieren waren. Ihre Kritik an der Frauenbewegung liegt die Unterscheidung zugrunde, die sie später zwischen sozialen und politischen Problemen traf – letztere, so meinte sie, sollten im Mittelpunkt des Handelns stehen.[41]

Aus dem vorigen wurde deutlich, dass sich Hannah Arendts Argumente nicht gegen die Emanzipation richteten, sondern lediglich gegen konkrete formale Aspekte und Vorgehensweisen der Frauenbewegung, die in ihren Augen Schwachstellen in der Vorgehensweise darstellten. Außerdem richtete sie sich gegen eine Fixierung der Frauenbewegung allein auf die eigenen sozialen Forderungen.

3.   Zugeständnisse Hannah Arendts an die Frauenbewegung

Dass Hannah Arendt auch Zugeständnisse an die Frauenbewegung gemacht hat wird deutlich, wenn sie schreibt...

*... dass die Emanzipation bei Arbeitern und den Frauen eine echte Befreiung war, **die als solche**[42] ein Recht auf das Öffentliche haben, das heißt ein Recht darauf, zu sehen und gesehen zu werden, zu sprechen und gehört zu werden.[43]*

Genth kritisiert daran, dass dies Arbeitern und Frauen danach aber nur zustehe, wenn sie als Personen aufträten, sie als Arbeiter und Frauen aber nur bestimmte

---

[41] Young-Bruehl. S. 154.
[42] Hervorhebung durch die Autorin.
[43] Genth. S. 39.

notwendige Funktionen im Lebensprozess erfüllen würden. Sie bezieht sich dabei auf ein späteres, theoretisches Werk Hannah Arendts.[44] Ich sehe diese Position Genths allerdings eher kritisch, da ich – was dieses konkrete Zitat zur Frauen- und Arbeiterbewegung betrifft - der Auffassung bin, dass Genth übersieht, dass ein Mensch sowohl eine Funktion in der Gesellschaft haben kann als auch den Freiraum, als Person in der Politik aufzutreten.

Auch dass Hannah Arendt beispielsweise für Frauen an Universitäten war, zeigt sich an einer frühen Äußerung Hannah Arendts:

> *Es ist eigentlich an der Zeit, dass Frauen sich in die Gelehrtengemeinde begeben und ein wenig Lachen unter diese ernsten Tiere bringen"[45]*

Darin enthalten ist aber auch die Einstellung Hannah Arendts, dass sie – die Frauen – selbst die Initiative ergreifen müssen.

4. ‚Vorreiterin' wider Willen

Auch Hannah Arendt gehörte einer der ersten Generationen an, die in den Genuss kamen, offiziell studieren und promovieren zu können. Sie verdankte dies letztendlich der Frauenbewegung. Diesen einmal eingeschlagenen Weg verfolgte sie auch weiter. Schließlich nahm sie sogar als erste Frau eine Gastprofessur an der Princeton University an[46] und ein paar Jahre später eine Professur an der New School for Social Research in New York.[47]

Schon allein dadurch könnte man Hannah Arendt als ‚Vorreiterin' in der Emanzipationsbewegung bezeichnen. Hinzu kommt, dass sie – über die Gastprofessur in Princeton hinaus - häufig die ‚erste Frau' in einer bestimmten Tradition auftrat.

---

[44] Genth. S. 39. Bezug: Arendt, 1994. S. 269
[45] Schaad, Isolde. In : du. S. 62.
[46] Alte Synagoge. Hannah Arendt. S. 110.
[47] Alte Synagoge. Hannah Arendt. S. 121.

Es störte sie jedoch regelrecht, als ‚erste‘ Frau‘ präsentiert zu werden.[48] Ihr missfiel es, dass sie als Ausnahmefrau und emanzipatorische Kämpferin präsentiert wurde. „Die Einladung nach Princeton zum Christan-Gauss-Seminar habe doch nichts damit zu tun, dass sie eine Frau sei“! Vielmehr „möchte sie gern selbstverständlich Frau sein.“[49]

Es scheint, als habe sie befürchtet, dass die Inhalte ihrer Aussagen – hätte sie diese Position der ‚1. Frau‘ als Aushängeschild oder ‚Vorreiterin‘ angenommen – in der Öffentlichkeit an Bedeutung verloren hätten. Ihre Ambition war – so vermute ich, wenn man sich mit ihrem Lebenslauf auseinandersetzt eine andere, denn sie agierte in erster Linie eben nicht in der Rolle einer emanzipierten Frau, sondern als Philosophin und Theoretikerin der Politik.

Hinzu kommt, dass Hannah Arendt schon allein durch die Bereiche Politik und Wissenschaft in einer Männerwelt lebte. Das feministische Dogma nannte sie sogar «A male thinker».[50] In gewisser Weise schien Arendt also auf manche feministische Gruppierungen maskulin zu wirken, auch wenn Arendt selbst sich nicht so empfunden haben mag. Schaad beispielsweise schreibt:

> *Arendts Geschichte erzählt wie Frau zum Mann wird. Frau mit Grips, die vor ihrer Zeit steht und sie inspiziert. «Ich bin nicht besonders freundlich, nicht besonders höflich» sagt sie 1963 im Gespräch mit Günter Gaus. Zu einer Zeit, als das Frauenbild beim Backebackekuchen weilt und als sublimste Vision den Vamp oder die Diva gestattet. Eine Garbo oder Dietrich durfte man werden, aber nicht das frauliche Pendant zu jener anderen großen Unbequemheit, die auch nicht hat können freundlich sein.[51]*

So sehr sie es – wie sich bis hierhin gezeigt hat – wichtig fand, dass Frauen sich für konkrete Aspekte der Gleichberechtigung einsetzten, so wenig hat Hannah Arendt in ihrem Leben gegen Männer kämpfen müssen sondern konnte sich eher mit ihnen verbünden bzw. von ihnen profitieren. Immerhin waren zwei ihrer

---

[48] Prinz. S. 207.
[49] Prinz. S. 170.
[50] Schaad. In: In : du. S. 63.
[51] Schaad. In: In : du. S. 63.

größten Förderer Männer: Martin Heidegger und Karl Jaspers. Kein Wunder also, dass sie sich nicht vor einen ‚fremden Karren spannen' lassen wollte. Denn ich denke, dass sie aus ihrem persönlichen Werdegang keinerlei Anlass sah, sich für die Emanzipation der Frau einzusetzen – zumindest in einem stärkeren Maße, als sie es tat.

Hannah Arendt ist konsequent ihren Weg gegangen. Ob Arendt es sein wollte oder nicht - Schaad bezeichnet sie als „Feministin *avant la lettre*", die die „Essenz der Differenztheorie" vorausnimmt: «Mann und Frau können (...) nur gleich menschlich (sein), indem sie voneinander absolut verschieden sind.» Sie ist/sagt/tut im voraus, was die Frauenbewegung antizipiert. Sie IST, ich behaupte, die Inkarnation der Emanzipation. Die gelernte, geschaffte Altfeministin weiß ja das Alibi von Karrierefrauen mittlerweile zu deuten: «ich bin zwar keine Feministin, aber» sagen sie, und ihr Aber enthält dann das gesamte Frauenförderungsprogramm".[52]

Dabei bedurfte es für Hannah Arendt keiner „Sinnzerknirschung". Allein schon durch ihre Ausstrahlung habe sie bedeutet: „ich-bin-die-ich-bin". [53] Und in der Tat war für Hannah das Individuum ein wichtiger Aspekt ihres Denkens.

So interpretiert auch Nordmann, die mit den Augen Hannah Arendts die „Geschlechterdifferenz [...] zu jenem „dunklen Hintergrund" der Pluralität [rechnet], den es zu bewahren und zu schützen gilt"[54] Arendts Sichtweise zu Emanzipation und Frauenfrage:

> *Der entscheidende Bezugspunkt ihres Denkens ist nicht die Geschlechterdifferenz, sondern ihre irreduzible Einzigartigkeit des Individuums.*[55]

Eine Interpretation, die sich auch mit der Biografie Hannah Arendts gut in Einklang bringen lässt.

---

[52] Schaad. In: du. S. 62.
[53] Schaad. In : du. S. 62.
[54] Nordmann. In: Hahn. S. 277.
[55] Normann. In: Hahn. S. 274. Vgl. Genth. S. 32.

5.   Fazit

Hannah Arendts Ruf, die Frauenbewegung sei ihr fremd, die vermeintliche Rollenzuweisung der Frau in den privaten Bereich, Unverständnis gegenüber der Frauenbewegung gepaart mit der Einstellung, dass private und soziale Bereiche nicht in den Bereich der Politik gehören ließen Hannah Arendt für viele Feministinnen als eine absolute Gegnerin der Emanzipation von Frauen und dem Einfordern ihrer Rechte erscheinen.

Wie sich gezeigt hat, beschränkte sich Hannah Arendts Unverständnis der Frauenbewegung gegenüber sowie ihre Kritik aber hauptsächlich auf formale Aspekte. Ihre zentralen Kritikpunkte waren:

- die Uneinigkeit über konkrete politische Ziele oder gar deren Fehlen
- das Auftreten im Kollektiv unter dem auf das Geschlecht reduzierten Sammelbegriff ‚Frau'
- die mangelnde Bereitschaft zu politischem Handeln

Darüber hinaus sah sie es für notwendig an, Ziele der Frauenbewegung in einem größeren politischen Zusammenhang anzugehen.

Gegen die Emanzipation der Frauen hatte Hannah Arendt grundsätzlich aber nichts einzuwenden. Im Gegenteil: Sie erkannte in der Emanzipation eine „echte Befreiung" und zeigte Verständnis für die schwierige Situation der Frauen zwischen Erwerbstätigkeit und Familie, die nach einer frühen Einschätzung von ihr allerdings fast zwangsläufig zu einer Entscheidung zwischen Sklaverei oder die Aufgabe der Familie führen würde.

Wichtig dabei erscheint es nach Arendt als auch nach Genth, den Begriff ‚Frau' nicht als Sammelbegriff zu verwenden – eine Einstellung, die sich auch aus ihrer eigenen Biografie nachvollziehen lässt, wenn es darum ging, mal wieder ‚erste Frau' in einer Tradition zu sein. Ich sehe hier den Zusammenhang zu Nordmanns

15

Einschätzung, dass Hannah Arendt nicht die Aufhebung der Geschlechterdifferenz anstrebte, sondern der „entscheidende Bezugspunkt ihres Denkens" die „irreduzible Einzigartigkeit des Individuums" war."[56] Denn die einzig wirkliche Differenz sah Hannah Arendt in der Verschiedenartigkeit aller <u>Menschen</u>.[57]

Darüber hinaus forderte sie die Frauen sogar auf, sich mit der politischen und rechtlichen Diskriminierung auseinanderzusetzen, wobei alle Gruppierungen unter den Frauen mit einbezogen werden sollten – was wiederum einem Auftreten unter dem Sammelbegriff ‚Frau' entgegensteht. In dem Nachruf auf Hannah Arendt in der New York Times vom 5.12.1975 heißt es:

> *Was sie von und für Frauen forderte, war die Auseinandersetzung mit der politischen und rechtlichen Diskriminierung, und zwar eine Auseinandersetzung, die breit genug angelegt war, um die politischen und rechtlichen Probleme der Frauen auf die aller Gruppen zu beziehen, denen die Gleichheit verwehrt wurde.*

6. Ausblick

Aufgrund der vorliegenden Analyse bin ich zu dem Schluss gekommen, dass die Nichtkenntnisnahme von Feministinnen und Arendt tatsächlich auf Gegenseitigkeit beruhte und die Einschätzung Arendts seitens der Feministinnen ebenso auf einem Kategoriefehler im Denken zurückzuführen sei, wie es Benhabib und Schaad formulierten.

Anstatt Hannah Arendt vorzuwerfen, sie habe sich nicht eingehend und sensibel speziell zur Frauenfrage geäußert, halte ich es für wichtig, sowohl ihre Biografie als auch ihre theoretischen Werke auf entsprechende Denkansätze hin zu untersuchen und darüber hinaus Überlegungen anzustellen, welcher Nutzen sich daraus für die Frauenfrage ziehen lässt. Möglichkeiten hierfür sehe ich in Hannah

---

[56] Genth 32, zit. n. Nordmann, 1994, S. 274.
[57] Arendt. Vita activa. S. 17 und 21.

Arendts Auseinandersetzung mit Herrschaftsstrukturen, Revolution, Pluralität und der Freiheit für politisches Handeln. Möglichkeiten sehe ich auch dadurch gegeben, dass Hannah Arendt wie Young-Bruehl es ausdrückt, zugunsten der Pluralität, „die durch keine Berufung auf höhere Gesetze oder vorgegebene kollektive Zugehörigkeiten suspendiert werden darf jeden „deterministischen Denkansatz" zurückweist."[58] Denn ein deterministischer Denkansatz ist verwandt mit dem Prinzip der Mortalität, das von der Begrenztheit menschlichen Seins und Handelns ausgeht. Hannah Arendt aber ist dem Prinzip der Natalität verbunden. Dieses Prinzip geht von der Geburt aus und lenkt den Blick auf die dadurch resultierenden Chancen bzw. das daraus entstehenden Neue - sei es durch die Geburt eines neuen Individuums, sei es durch das Vergeben, das die Voraussetzung jedes Neuanfangs ist oder durch das Reden und Handeln von Menschen, die auf diese Weise etwas Neues schaffen für die Welt, in der sie leben, wie zum Beispiel neue Lebensbedingungen, auch in Politik und Gesellschaft.

Mittlerweile hat – wie die Artikel von Benhabib und Schaad sowie das Buch von Genth zeigen, ein solches Umdenken sogar teilweise stattgefunden. So schreibt Schaad:

> *Es gibt gegenwärtig Feministinnen, die dafür halten, dass trotz der offenkundigen Vereinbarkeit und Gegenläufigkeit von feministischen Zielen und Arendts politischem Denken eine gründlichere Lektüre ihres Werks Kategorien anbietet, die eine grundsätzliche Nähe zu den radikalen Forderungen des zeitgenössischen Feminismus haben.*[59]

Als Beispiel dafür nennt sie Nancy Hartsock, die in ihrem Buch *Money, Sex and Power: Toward a Feminist Historical Materialism* die Ansichten Dorothy Emmets, Hanna Pitkins und Benice Carolls mit den Überlegungen Hannah Arendts vergleicht, die einen veränderten Blickwinkel zum Thema Macht beinhalten, sowie Ann M. Lane, die „zu zeigen versucht, dass Arendts Phänomenologie der Unterdrückung und Befreiung immer noch Licht auf den Kampf der Frauen wirft." So schreibt Lane:

---

[58] Nordmann. In: Hahn. S. 274.
[59] Schaad. In: du. S. 40.

Selbst wenn Arendt keine Feministin ist, hat ihre politische Theorie
doch viel mit jenen gemein, die es sind.[60]

Interessant herauszufinden wäre nun, aus welchen Werken Hannah Arendts diese Autorinnen vorwiegend diese Informationen beziehen und worin genau sie eine Übereinstimmung sehen.

---

[60] Zit. n. Benhabib. In: du. S. 41.

7.   Literaturverzeichnis

1. Arendt, Hannah. Vita activa oder Vom täglichen Leben. Original: The human condition. Chicago, 1958. Piper Verlag GmbH: München 2002..

2. Benhabib, Seyla. Der empörende Unterschied. In: DU. Die Zeitschrift der Kultur. Heft 710. TA-Media AG: Zürich, Oktober 2000.

3. Genth, Renate. Frauenpolitik und politisches Handeln von Frauen. Peter Lang GmbH Europäischer Verlag der Wissenschaften: Frankfurt am Main, 2001.

4. Hahn, Barbara. Frauen in den Kulturwissenschaften. Von Lou Andreas-Salomé bis Hannah Arendt. C.h. Beck'sche Verlagsbuchhandlung: München, 1994.

5. Lütkehaus, Ludger. Hannah Arendt - Martin Heidegger: Eine Liebe in Deutschland. Basilisken-Presse: Marburg an der Lahn, 1999.

6. Prinz, Alois. Beruf Philosophin oder Die Liebe zur Welt. Die Lebensgeschichte der Hannah Arendt. Beltz Verlag: Weinheim, 1998, 2002.

7. Schaad, Isolde. Frauenleitbild oder warum sie keines geworden ist. In: DU. Die Zeitschrift der Kultur. Heft 710. TA-Media AG: Zürich, Oktober 2000.

8. Anhang - Nachruf auf Hannah Arendt

New York Times, 5.12.1975:

Was Arendt als Frau zu verhindern wünschte war eine Situation, in der man sie aufgrund ihrer Bildung von den gewöhnlichen Frauen unterschied, für fremdartig und aufregend, unterhaltsam anders, eine einmalige Persönlichkeit hielt. Was sie von und für Frauen forderte, war die Auseinandersetzung mit der politischen und rechtlichen Diskriminierung, und zwar eine Auseinandersetzung, die breit genug angelegt war, um die politischen und rechtlichen Probleme der Frauen auf die aller Gruppen zu beziehen, denen die Gleichheit verwehrt wurde. Sie empfand immer ein Unbehagen, wenn sie sah, dass das ‚Frauenproblem' entweder eine von anderen getrennte politische Bewegung auslöste oder zu einer Konzentration auf psychologische Probleme führte. Ihre Reaktion auf den Ruf nach Princeton war jedoch keine politische; anstatt sich zu fragen, warum die Universität noch nie eine Frau zur ordentlichen Professorin ernannt hatte, betonte sie die psychologische Dimension: ‚Mich stört es überhaupt nicht, als Frau Professor zu sein', sagte Arendt zu einem Interviewer, weil ich als mich an das Frausein ganz gut gewöhnt habe."

Quelle: Young-Bruehl. S. 380, zit. n. New York Times, 5.12.1975